¡Esto es para mí!

por Judy Nayer

**ilustrado por
Kathleen O'Malley**

Scott Foresman

Oficinas editoriales: Glenview, Illinois • New York, New York
Ventas : Reading, Massachusetts • Duluth, Georgia
Glenview, Illinois • Carrollton, Texas • Menlo Park, California

No quiero esta .

Es para bebés.

¡Esto es para mí!

Me gusta.

3

No quiero este .

Lo leí una vez.

¡Esto es para mí!
Yo lo quiero leer.

No quiero esta

No la puedo usar.

¡Esto es para mí!

Yo sí la puedo usar.

No quiero este oso.

Es un oso muy chiquito.

¡Esto es para mí!

Lo puedo vestir como un niño.

No quiero esta taza.

No voy a usarla otra vez.

¡Esto es para mí!

Es una taza muy bonita.

No quiero esta gorra.
No la puedo usar.

¡Esto es para mí!
Es muy bonita.

¡Esto es para mí!

¿Es para ti?

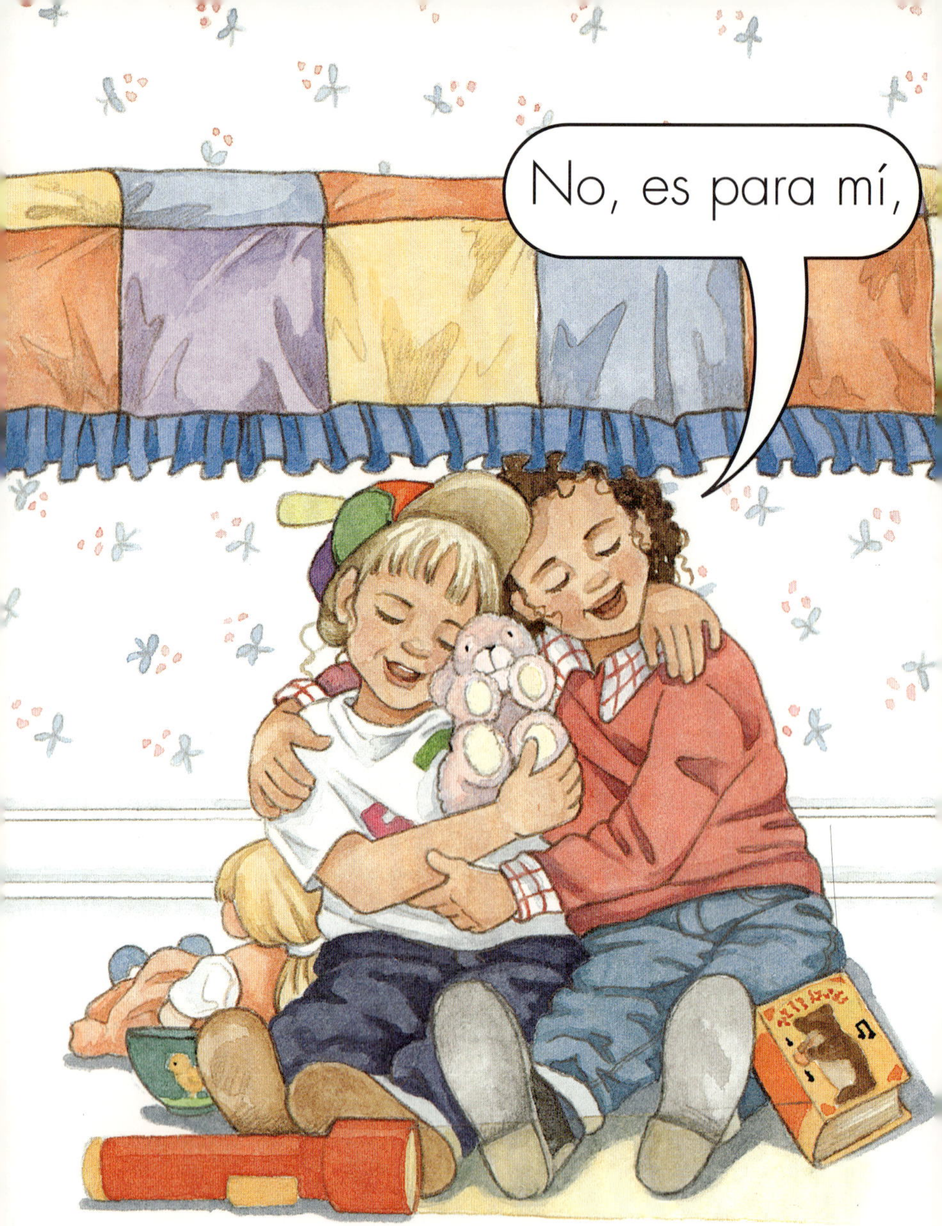

¡y para ti!